ACTES SOCIAUX

PUBLICATION DOCUMENTAIRE PÉRIODIQUE
DE L'ACTION POPULAIRE

LE CODE DE LA PRESSE

Affichage. — Colportage

(2ᵉ Édition — 1909)

Abonnement à la série de 24 numéros : **5** fr. — Étranger : **6** fr.
Le numéro : **0** fr. **25**

REIMS	PARIS
ACTION POPULAIRE	Victor LECOFFRE
5, rue des Trois-Raisinets	90, rue Bonaparte

SOMMAIRE

N° 24.

ACTES SOCIAUX

PUBLICATION DOCUMENTAIRE PÉRIODIQUE
DE L'ACTION POPULAIRE

LE CODE DE LA PRESSE

Affichage. — Colportage

(2ᵉ Édition — 1909)

Abonnement à la série de 24 numéros : **5** fr. — Étranger : **6** fr.

Le numéro : **0** fr. **25**

<table>
<tr><td>

REIMS

ACTION POPULAIRE

5, rue des Trois-Raisinets

</td><td>

PARIS

Victor LECOFFRE

90, rue Bonaparte

</td></tr>
</table>

Le Mouvement social

(Association Catholique)

REVUE CATHOLIQUE INTERNATIONALE MENSUELLE

REDACTION....... { 76, rue des Saints-Pères, Paris.
{ Action Populaire, Reims.

ADMINISTRATION : Action Populaire, Reims.

Abonnement: Un An, 18 *fr.* — *Etranger,* 21 *fr.*

Numéro de Janvier-Février 1909.

SOMMAIRE

Ce numéro double forme un volume de 208 pages.

Prix : **3 fr. 50**. — ACTION POPULAIRE, REIMS

LÉGISLATION DE LA PRESSE

Colportage, Affichage

et de la Propriété littéraire

LOI DU 29 JUILLET 1881

SUR

LA LIBERTÉ DE LA PRESSE

ET SES MODIFICATIONS

Au 1er août 1909

CHAPITRE PREMIER

De l'Imprimerie et de la Librairie.

ARTICLE PREMIER. — L'imprimerie et la librairie sont libres.

ART. 2. — Tout imprimé rendu public, à l'exception des ouvrages dits de ville ou bilboquets, portera l'indication du nom et du domicile de l'imprimeur, à peine, contre celui-ci, d'une amende de cinq à quinze francs.

La peine de l'emprisonnement pourra être prononcée si, dans les douze mois précédents, l'imprimeur a été condamné pour contravention de même nature.

ART. 3. — Au moment de la publication de tout imprimé, il en sera fait, par l'imprimeur, sous peine d'une amende de seize à trois cents francs, un dépôt de deux exemplaires destinés aux collections nationales.

Ce dépôt sera fait au ministère de l'intérieur pour Paris; à la préfecture, pour les chefs-lieux de département; à la sous-préfecture, pour les chefs-lieux d'arrondissement, et pour les autres villes à la mairie.

L'acte de dépôt mentionnera le titre de l'imprimé et le chiffre du tirage.

Sont exceptés de cette disposition les bulletins de vote, les circulaires commerciales ou industrielles, et les ouvrages dits de ville ou bilboquets.

ART. 4. — Les dispositions qui précèdent sont applicables à tous les genres d'imprimés ou de reproductions destinés à être publiés.

Toutefois, le dépôt prescrit par l'article précédent sera de trois exemplaires pour les estampes, la musique et en général les reproductions autres que les imprimés.

CHAPITRE II

De la presse périodique.

§ *1er*. — *Du droit de publication, de la gérance, de la déclaration et du dépôt au Parquet.*

ART. 5. — Tout journal ou écrit périodique peut être publié, sans autorisation préalable et sans dépôt de cautionnement, après la déclaration prescrite par l'article 7.

ART. 6. — Tout journal ou écrit périodique aura un gérant.

Le gérant devra être Français, majeur, avoir la jouissance de ses droits civils et n'être privé de ses droits civiques par aucune condamnation judiciaire.

ART. 7. — Avant la publication de tout journal ou écrit périodique, il sera fait, au parquet du Procureur de la République, une déclaration contenant :

1° Le titre du journal ou écrit périodique et son mode de publication ;

2° Le nom et la demeure du gérant ;

3° L'indication de l'imprimerie où il doit être imprimé.

Toute mutation dans les conditions ci-dessus énumérées sera déclarée dans les cinq jours qui suivront.

ART. 8. — Les déclarations seront faites par écrit, sur papier timbré, et signées des gérants. Il en sera donné récépissé (1).

(1) Voir aux annexes un modèle de déclaration de gérance.

ART. 9. — En cas de contravention aux dispositions prescrites par les articles 6, 7, 8, le propriétaire, le gérant, ou, à défaut, l'imprimeur, seront punis d'une amende de cinquante à cinq cents francs.

Le journal ou écrit périodique ne pourra continuer sa publication qu'après avoir rempli les formalités ci-dessus prescrites, à peine, si la publication irrégulière continue, d'une amende de cent francs, prononcée solidairement contre les mêmes personnes, pour chaque numéro publié à partir du jour de la prononciation du jugement de condamnation, si ce jugement est contradictoire, et du troisième jour qui suivra sa notification, s'il a été rendu par défaut; et ce, nonobstant opposition ou appel, si l'exécution provisoire est ordonnée.

Le condamné, même par défaut, peut interjeter appel. Il sera statué par la cour dans le délai de trois jours.

ART. 10. — Au moment de la publication de chaque feuille ou livraison du journal ou écrit périodique, il sera remis au parquet du Procureur de la République, ou à la mairie, dans les villes où il n'y a pas de tribunal de première instance, deux exemplaires signés du gérant.

Pareil dépôt sera fait au ministère de l'Intérieur, pour Paris et le département de la Seine; et, pour les autres départements, à la préfecture, à la sous-préfecture, ou à la mairie, dans les villes qui ne sont ni chefs-lieux de département, ni chefs-lieux d'arrondissement.

Chacun de ces dépôts sera effectué sous peine de cinquante francs d'amende contre le gérant.

ART. 11. — Le nom du gérant sera imprimé au bas de tous les exemplaires, à peine, contre l'imprimeur, de seize francs à cent francs d'amende par chaque numéro publié en contravention de la présente disposition.

§ 2. — *Des rectifications.*

ART. 12. — Le gérant sera tenu d'insérer gratuitement, en tête du plus prochain numéro du journal ou écrit périodique, toutes les rectifications qui lui seront adressées par un dépositaire de l'autorité publique, au sujet des actes de sa fonction qui auront été inexactement rapportés par ledit journal ou écrit périodique.

Toutefois, ces rectifications ne dépasseront pas le double de l'article auquel elles répondront.

En cas de contravention, le gérant sera puni d'une amende de cent à mille francs.

ART. 13. — Le gérant sera tenu d'insérer, dans les trois

jours de leur réception ou dans le plus prochain numéro, s'il n'en était pas publié avant l'expiration des trois jours, les réponses de toute personne nommée ou désignée dans le journal ou écrit périodique, sous peine d'une amende de cinquante francs à cinq cents francs, sans préjudice des autres peines et dommages-intérêts auxquels l'article pourrait donner lieu.

Cette insertion devra être faite à la même place et en mêmes caractères que l'article qui l'aura provoquée.

Elle sera gratuite, lorsque les réponses ne dépasseront pas le double de la longueur dudit article. Si elles le dépassent, le prix d'insertion sera dû pour le surplus seulement. Il sera calculé au prix des annonces judiciaires.

§ 3. — *Des journaux ou écrits périodiques étrangers.*

ART. 14 (1). — La circulation en France des journaux ou écrits périodiques publiés à l'étranger ne pourra être interdite que par une décision spéciale délibérée en conseil des ministres.

La circulation d'un numéro peut être interdite par une décision du ministre de l'intérieur.

La mise en vente ou la distribution, faite sciemment au mépris de l'interdiction, sera punie d'une amende de cinquante francs à cinq cents francs.

CHAPITRE III

De l'affichage, du colportage et de la vente sur la voie publique.

§ 1er. — *De l'affichage.*

ART. 15. — Dans chaque commune, le maire désignera, par arrêté, les lieux exclusivement destinés à recevoir les affiches des lois et autres actes de l'autorité publique.

Il est interdit d'y placarder des affiches particulières.

Les affiches des actes émanés de l'autorité seront seules imprimées sur papier blanc.

Toute contravention aux dispositions du présent article sera punie des peines portées en l'article 2.

ART. 16. — Les professions de foi, circulaires et affiches

(1) Rendu applicable aux journaux publiés en France et en langue étrangère (*loi du 22 juillet 1895*).

électorales pourront être placardées, à l'exception des emplacements réservés par l'article précédent, sur tous les édifices publics consacrés aux cultes, et particulièrement aux abords des salles de scrutin (1).

Art. 17. — Ceux qui auront enlevé, déchiré, recouvert ou altéré, par un procédé quelconque, de manière à les travestir ou à les rendre illisibles, des affiches apposées par ordre de l'administration dans les emplacements réservés, seront punis d'une amende de cinq francs à quinze francs.

Si le fait a été commis par un fonctionnaire ou un agent de l'autorité publique, la peine sera d'une amende de seize francs à cent francs et d'un emprisonnement de six jours à un mois, ou de l'une de ces deux peines seulement.

Seront punis d'une amende de cinq francs à qu'nze francs tous ceux qui auront enlevé, déchiré, recouvert ou altéré par un procédé quelconque, de manière à les travestir ou à les rendre illisibles, des affiches electorales émanant de simples particuliers, apposées ailleurs que sur les propriétés de ceux qui auront commis cette lacération ou altération.

La peine sera d'une amende de seize francs à cent francs et d'un emprisonnement de six jours à un mois, ou de l'une de ces peines seulement, si le fait a été commis par un fonctionnaire ou un agent de l'autorité publique, à moins que les affiches n'aient été apposées dans 'es emplacements réservés par l'article 15 (2).

§ 2. — *Du colportage et de la vente sur la voie publique.*

Art. 18. — Quiconque voudra exercer la profession de colporteur ou distributeur sur la voie publique ou en tout autre lieu public ou privé, de livres, écrits, brochures, journaux, dessins, gravures, lithographies et photographies, sera tenu d'en faire la déclaration à la préfecture du département où il a son domicile.

Toutefois, en ce qui concerne les journaux et autres feuilles périodiques, la déclaration pourra être faite, soit à la mairie de la commune dans laquelle doit se faire la distribution, soit à la sous-préfecture. Dans ce dernier cas, la déclaration produira son effet pour toutes les communes de l'arrondissement (3).

(1) Voir l'ouvrage *De l'affichage politique,* par M. l'abbé Fourié, traité complet du droit d'affichage, revu et mis à jour par M. Ballot, avocat à Troyes. Maison de la Bonne Presse, 5, rue Bayard, Paris. (1 fr. 50 *franco.*)

(2) Voir la dérogation apportée à cet article par la loi du 27 janvier 1902.

(3) Voir, aux annexes, deux modèles de déclaration pour le colportage des journaux.

Art. 19. — La déclaration contiendra les nom, prénoms, profession, domicile, âge et lieu de naissance du déclarant.

Il sera délivré immédiatement et sans frais au déclarant un récépissé de sa déclaration.

Art. 20. — La distribution et le colportage accidentels ne sont assujettis à aucune déclaration.

Art. 21. — L'exercice de la profession de colporteur ou de distributeur sans déclaration préalable, la fausseté de la déclaration, le défaut de présentation à toute réquisition du récépissé, constituent des contraventions.

Les contrevenants seront punis d'une amende de cinq francs à quinze francs et pourront l'être, en outre, d'un emprisonnement d'un à cinq jours.

En cas de récidive, ou de déclaration mensongère, l'emprisonnement sera nécessairement prononcé.

Art. 22. — Les colporteurs et distributeurs pourront être poursuivis conformément au droit commun s'ils ont sciemment colporté ou distribué des livres, écrits, brochures, journaux, dessins, gravures, lithographies et photographies présentant un caractère délictueux, sans préjudice des cas prévus par l'article 42 (1).

CHAPITRE IV

Des crimes et délits commis par la voie de la presse ou par tout autre moyen de publication.

§ 1er. — *Provocation aux crimes et délits.*

Art. 23. — Seront punis comme complices d'une action qualifiée crime ou délit ceux qui, soit par des discours, cris

(1) « Le colporteur ou le distributeur n'a plus à justifier qu'il est Français et qu'il n'a pas encouru une condamnation pouvant entraîner privation de ses droits civils et politiques; il n'a donc aucune pièce justificative à produire à l'appui de sa déclaration, et, dès lors, il ne peut y avoir aucun motif, aucun prétexte de lui refuser la délivrance *immédiate* du récépissé de sa déclaration. Les seules contraventions maintenues sont donc l'absence de déclaration préalable, la fausseté de la déclaration, le défaut de présentation du récépissé à toute réquisition. » (*Circulaire du 1er août 1881,* du ministre de l'Intérieur (signée Constans) sur la loi du 29 juillet 1881.)

ou menaces proférés dans des lieux ou réunions publics, soit par des écrits, des imprimés vendus ou distribués, mis en vente ou exposés dans des lieux ou réunions publics, soit par des placards ou affiches exposés aux regards du public, auront directement provoqué l'auteur ou les auteurs à commettre ladite action, si la provocation a été suivie d'effet.

Cette disposition sera également applicable lorsque la provocation n'aura été suivie que d'une tentative de crime prévue par l'article 2 du Code pénal.

ART. 24. — *Modification résultant de la loi du 12 déc. 1893.* — Ceux qui, par l'un des moyens énoncés en l'article précédent, auront directement provoqué, soit au vol, soit aux crimes de meurtre, de pillage et d'incendie, soit à l'un des crimes punis par l'article 435 du Code pénal, soit à l'un des crimes et délits contre la sûreté extérieure de l'Etat prévus par les articles 75 et suivants jusques et y compris l'article 85 du même Code, seront punis, dans le cas où cette provocation n'aurait pas été suivie d'effet, d'un an à cinq ans d'emprisonnement et de cent francs à trois mille francs d'amende.

Ceux qui, par les mêmes moyens, auront directement provoqué à l'un des crimes contre la sûreté intérieure de l'Etat, prévus par les articles 86 et suivants, jusques et y compris l'article 101 du Code pénal, seront punis des mêmes peines.

Tous cris ou chants séditieux proférés dans des lieux ou réunions publics seront punis d'un emprisonnement de six jours à un mois et d'une amende de seize francs à cent francs ou de l'une de ces deux peines seulement.

ART. 25. — *Modifications de la loi du 12 décembre 1893.* — Toute provocation par l'un des moyens énoncés en l'article 23, adressée à des militaires des armées de terre ou de mer, dans le but de les détourner de leurs devoirs militaires et de l'obéissance qu'ils doivent à leurs chefs dans tout ce qu'ils leur commandent pour l'exécution des lois et règlements militaires, sera punie d'un emprisonnement de trois mois à deux ans et d'une amende de cent à trois mille francs.

§ 2. — *Délits contre la chose publique.*

ART. 26. — L'offense au Président de la République, par l'un des moyens énoncés dans l'article 23 et dans l'article 28, est punie d'un emprisonnement de trois mois à un an et d'une amende de cent francs à trois mille francs, ou de l'une de ces deux peines seulement.

ART. 27. — La publication ou reproduction de nouvelles fausses, de pièces fabriquées, falsifiées ou mensongèrement attribuées à des tiers, sera punie d'un emprisonnement d'un mois à un an et d'une amende de cinquante francs à mille francs, ou de l'une de ces deux peines seulement, lorsque la publication ou reproduction aura troublé la paix publique et qu'elle aura été faite de mauvaise foi.

ART. 28. — L'outrage aux bonnes mœurs commis par l'un des moyens énoncés en l'article 23 sera puni d'un emprisonnement d'un mois à deux ans et d'une amende de seize à deux mille francs.

§ 3. — *Délits contre les personnes.*

ART. 29. — Toute allégation ou imputation d'un fait qui porte atteinte à l'honneur ou à la considération de la personne ou du corps auquel le fait est imputé est une diffamation. — Toute expression outrageante, terme de mépris ou invective qui ne renferme l'imputation d'aucun fait est une injure.

ART. 30. — La diffamation commise par l'un des moyens énoncés en l'article 23 et en l'article 28, envers les cours, les tribunaux, les armées de terre ou de mer, les corps constitués et les administrations publiques, sera punie d'un emprisonnement de huit jours à un an et d'une amende de cent francs à trois mille francs, ou de l'une de ces deux peines seulement.

ART. 31. — Sera punie de la même peine la diffamation commise par les mêmes moyens, à raison de leurs fonctions ou de leur qualité, envers un ou plusieurs membres du ministère, un ou plusieurs membres de l'une ou de l'autre Chambre, un fonctionnaire public, un dépositaire ou agent de l'autorité publique, un ministre de l'un des cultes salariés par l'Etat, un citoyen chargé d'un service ou d'un mandat public, temporaire ou permanent, un juré ou un témoin, à raison de sa déposition.

ART. 32. — La diffamation commise envers les particuliers par l'un des moyens énoncés en l'article 23 et en l'article 28 sera punie d'un emprisonnement de cinq jours à six mois et d'une amende de vingt-cinq francs à deux mille francs, ou de l'une de ces deux peines seulement.

ART. 33. — L'injure commise par les mêmes moyens envers les corps ou les personnes désignés par les articles 30 et 31 de la présente loi sera punie d'un emprisonnement de six jours à trois mois et d'une amende de seize francs à cinq cents francs, ou de l'une de ces deux peines seulement. L'injure commise de la même manière envers les particuliers, lorsqu'elle n'aura pas été précédée de provocation, sera punie d'un emprisonnement de cinq jours à deux mois et d'une amende de seize francs à trois cents francs, ou de l'une de ces deux peines seulement. Si l'injure n'est pas publique, elle ne sera punie que de la peine prévue par l'article 471 du Code pénal.

ART. 34. — Les articles 29, 30 et 31 ne seront applicables aux diffamations ou injures dirigées contre la mémoire des morts, que dans le cas où les auteurs de ces diffamations ou injures auraient eu l'intention de porter atteinte à l'honneur ou à la considération des héritiers vivants. — Ceux-ci pourront toujours user du droit de réponse prévu par l'article 13.

ART. 35. — La vérité du fait diffamatoire, mais seulement quand il est relatif aux fonctions, pourra être établie par les voies ordinaires, dans le cas d'imputations contre les corps constitués, les armées de terre ou de mer, les administrations publiques, et contre toutes les personnes énumérées dans l'article 31.

La vérité des imputations diffamatoires et injurieuses pourra être également établie contre les directeurs ou administrateurs de toute entreprise industrielle, commerciale ou financière, faisant publiquement appel à l'épargne ou au crédit.

Dans les cas·prévus aux deux paragraphes précédents, la preuve contraire est réservée. Si la preuve du fait diffamatoire est rapportée, le prévenu sera renvoyé des fins de la plainte.

Dans toute autre circonstance et envers toute autre personne non qualifiée, 'orsque le fait imputé est l'objet de poursuites commencées à la requête du ministère public, ou d'une plainte de la part du prévenu, il sera, durant l'instruction qui doit avoir lieu, sursis à la poursuite et au jugement du délit de diffamation.

§ 4. — *Délits contre les chefs d'Etats et agents diplomatiques étrangers.*

ART. 36. — L'offense commise publiquement nvers les chefs d'Etats étrangers sera punie d'un emprisonnement de trois mois à un an et d'une amende de cent francs à trois mille francs, ou de l'une de ces deux peines seulement.

ART. 37. — L'outrage commis publiquement envers les ambassadeurs et ministres plénipotentiaires, envoyés, chargés d'affaires ou agents diplomatiques accrédités près du gouvernement de la République, sera puni d'un emprisonnement de huit jours à un an et d'une amende de cinquante francs à deux mille francs, ou de l'une de ces deux peines seulement.

§ 5. — *Publications interdites; immunités de la défense.*

ART. 38. — Il est interdit de publier les actes d'accusation et tous autres actes de procédure criminelle ou correctionnelle avant qu'ils aient été lus en audience publique, et ce sous peine d'une amende de cinquante francs à mille francs.

ART. 39. — Il est interdit de rendre compte des procès en diffamation où la preuve des faits diffamatoires n'est pas autorisée. La plainte seule pourra être publiée par le plaignant. Dans toute affaire civile, les cours et tribunaux pourront interdire le compte rendu du procès.

Ces interdictions ne s'appliqueront pas aux jugements, qui pourront être publiés.

Il est également interdit de rendre compte des délibérations intérieures, soit des jurys, soit des cours et tribunaux.

Toute infraction à ces dispositions sera punie d'une amende de cent à deux mille francs.

ART. 40. — Il est interdit d'ouvrir ou d'annoncer publiquement des souscriptions ayant pour objet d'indemniser des amendes, frais et dommages-intérêts prononcés par des condamnations judiciaires, en matière criminelle et correctionnelle, sous peine d'un emprisonnement de huit jours à six mois et d'une amende de cent francs à mille francs, ou de l'une de ces deux peines seulement.

ART. 41. — Ne donneront ouverture à aucune action les discours tenus dans le sein de l'une des deux Chambres, ainsi que les rapports ou toutes autres pièces imprimées par ordre de l'une des deux Chambres.

Ne donnera lieu à aucune action le compte rendu des séances publiques des deux Chambres fait de bonne foi dans les journaux.

Ne donneront lieu à aucune action en diffamation, injure ou outrage, ni le compte rendu fidèle fait de bonne foi des débats judiciaires, ni les discours prononcés ou les écrits produits devant les tribunaux.

Pourront néanmoins 'es juges, saisis de la cause et statuant sur le fond, prononcer la suppression des discours injurieux, outrageants ou diffamatoires, et condamner qui il appartiendra à des dommages-intérêts. Les juges pourront aussi, dans le même cas, faire des injonctions aux avocats et officiers ministériels et même les suspendre de leurs fonctions. La durée de cette suspension ne pourra excéder deux mois, et six mois en cas de récidive dans l'année.

Pourront toutefois les faits diffamatoires étrangers à la cause donner ouverture, soit à l'action publique, soit à l'action civile des parties, lorsque ces actions leur auront été réservées par les tribunaux et, dans tous les cas, à l'action civile des tiers.

CHAPITRE V

Des poursuites et de la répression.

---

§ 1er. — *Des personnes responsables des crimes et délits commis par la voie de la presse.*

ART. 42. — Seront passibles, comme auteurs principaux, des peines qui constituent la répression des crimes et délits commis par la voie de la presse dans l'ordre ci-après, savoir: 1° les gérants ou éditeurs, quelles que soient leurs professions ou leurs dénominations; 2° à leur défaut, les auteurs; 3° à défaut des auteurs, les imprimeurs, les vendeurs, distributeurs ou afficheurs.

ART. 43. — Lorsque les gérants ou les éditeurs seront en cause, les auteurs seront poursuivis comme complices.

Pourront l'être au même titre et dans tous les cas toutes personnes auxquelles l'article 60 du Code pénal pourrait s'appliquer. Ledit article ne pourra s'appliquer aux imprimeurs pour faits d'impression, sauf dans les cas et les conditions prévus par l'article 6 de la loi du 7 juin 1848 sur les attroupements.

ART. 44. — Les propriétaires des journaux ou écrits périodiques sont responsables des condamnations pécuniaires prononcées au profit des tiers contre les personnes désignées dans les deux articles précédents, conformément aux dispositions des articles 1382, 1383 et 1384 du Code civil.

ART. 45. — (*Modifications de la loi du 16 mars 1893*) (1). — Les crimes et délits prévus par la présente loi sont déférés à la Cour d'assises. Sont exceptés et déférés au tribunal de police correctionnelle les délits et infractions prévus par les art. 3, 4, 9, 10, 11, 12, 13, 14, 17; §§ 2 et 4; 26, 28; § 2; 32, 33; § 2; 36, 37, 38, 39 et 40 de la présente loi. — Sont encore exceptées et renvoyées devant les tribunaux de simple police les contraventions prévues par les articles 2, 15, 17; §§ 1 et 3; 21 et 33; § 3 de la présente loi.

ART. 46. — L'action civile résultant des délits de diffamation

---

(1) Cette modification a eu pour but d'enlever à la juridiction de la Cour d'assises et de déférer à la juridiction correctionnelle les délits prévus par les articles 36 et 37 (offenses envers les chefs d'Etats étrangers, les ambassadeurs et agents diplomatiques).

et d'injure prévus par les articles 30, 31 et 33 pourra être poursuivie séparément de l'action publique.

Elle sera instruite comme affaire sommaire, conformément aux règles du Code de procédure civile et jugée d'urgence.

La preuve des faits diffamatoires pourra être faite par tous moyens, et aucune réparation civile ne sera accordée si la vérité des imputations diffamatoires est établie. (Loi du 21 juin 1900.)

§ 2. — *De la procédure.*

a). — COUR D'ASSISES.

ART. 47. — La poursuite des crimes et délits commis par la voie de la presse ou par tout autre moyen de publication aura lieu d'office à la requête du ministère public, sous les modifications suivantes : — 1° Dans le cas d'injure ou de diffamation envers les cours, tribunaux et autres corps indiqués en l'article 30, la poursuite n'aura lieu que sur une délibération prise par eux en assemblée générale, et requérant les poursuites, ou, si le corps n'a pas d'assemblée générale, sur la plainte du chef du ·corps ou du ministre duquel ce corps relève. — 2° Dans le cas d'injure ou de diffamation envers un ou plusieurs membres de l'une ou de l'autre Chambre, la poursuite n'aura lieu que sur la plainte de la personne ou des personnes intéressées. — 3° Dans le cas d'injure ou de diffamation envers les fonctionnaires· publics, les dépositaires ou agents de l'autorité publique autres que les ministres, envers les ministres des cultes salariés par l'Etat et les citoyens chargés d'un service ou d'un mandat public, la poursuite aura lieu, soit sur leur plainte, soit d'office, sur la plainte du ministre dont ils relèvent. — 4° Dans le cas de diffamation envers un juré, ou un témoin, délit prévu par l'article 31, la poursuite n'aura lieu que sur la plainte du juré ou du témoin qui se prétendra diffamé. — 5° (abrogé par la loi du 16 mars 1893.) — 6° Dans les cas prévus par les paragraphes 3 et 4 du présent article, le droit de citation directe devant la Cour d'assises appartiendra à la partie lésée. — Sur sa requête, le président de la Cour d'assises fixera les jour et heure auxquels l'affaire sera appelée.

ART. 48. — Si le ministère public requiert une information, il sera tenu, dans son réquisitoire, d'articuler et de qualifier les provocations, outrages, diffamations et injures à raison desquels la poursuite est intentée, avec indication des textes dont l'application est demandée, à peine de nullité du réquisitoire et de ladite poursuite.

Aʀᴛ. 49. — (*Modification de la loi du 12 décembre 1893.*) — Immédiatement après le réquisitoire, le juge d'instruction pourra, mais seulement en cas d'omission du dépôt prescrit par les articles 3 et 10 ci-dessus, ordonner la saisie de quatre exemplaires de l'écrit, du journal ou du dessin incriminé.

Toutefois, dans les cas prévus aux articles 24, paragraphe premier, et 25 de la présente loi, la saisie des écrits ou imprimés, des placards ou affiches, aura lieu conformément aux règles édictées par le Code d'instruction criminelle.

Si le prévenu est domicilié en France, il ne pourra être préventivement arrêté, sauf dans les cas prévus aux articles 23, 24, paragraphe premier, et 25 ci-dessus.

S'il y a condamnation, l'arrêt pourra, dans les cas prévus aux articles 24, paragraphe premier, et 25, prononcer la confiscation des écrits ou imprimés, placards ou affiches saisis, et dans tous les cas, ordonner la saisie et la suppression ou la destruction de tous les exemplaires qui seraient mis en vente, distribués ou exposés au regard du public. Toutefois, la suppression ou la destruction pourra ne s'appliquer qu'à certaines parties des exemplaires saisis.

En cas d'arrestation préventive ou de saisie, l'inculpé pourra demander sa mise en liberté provisoire ou la mainlevée de la saisie.

Le juge d'instruction, après avoir entendu le Procureur de la République, devra statuer dans un délai de vingt-quatre heures. L'ordonnance sera signifiée dans le même délai.

Le Procureur de la République et l'inculpé auront, dans les vingt-quatre heures de la signification de l'ordonnance, le droit de former opposition devant la Chambre des mises en accusation, qui statuera dans les cinq jours.

Si aucune décision n'est intervenue avant l'expiration de ce délai, l'inculpé devra être mis en liberté et les pièces saisies seront restituées.

Aʀᴛ. 50. — La citation contiendra l'indication précise des écrits, des imprimés, placards, dessins, gravures, peintures, médailles, emblèmes, des discours ou propos publiquement proférés qui seront l'objet de la poursuite, ainsi que la qualification des faits. Elle indiquera les textes de la loi invoqués à l'appui de la demande. — Si la citation est à la requête du plaignant, elle portera, en outre, copie de l'ordonnance du président; elle contiendra élection de domicile dans la ville où siège la Cour d'assises, et sera notifiée tant au prévenu qu'au ministère public. — Toutes ces formalités seront observées à peine de nullité de la poursuite.

Aʀᴛ. 51. — Le délai entre la citation et la comparution en

Cour d'assises sera de cinq jours francs, outre un jour par cinq myriamètres de distance.

Art. 52. — En matière de diffamation, ce délai sera de douze jours, outre un jour par cinq myriamètres. — Quand le prévenu voudra être admis à prouver la vérité des faits diffamatoires, conformément aux dispositions de l'article 35 de la présente loi, il devra, dans les cinq jours qui suivront la notification de la citation, faire signifier au ministère public près la Cour d'assises ou au plaignant, au domicile par lui élu, suivant qu'il est assigné à la requête de l'un ou de l'autre : — 1° les faits articulés et qualifiés dans la citation, desquels il entend faire sa preuve. Cette signification contiendra élection de domicile près la Cour d'assises, le tout à peine d'être déchu du droit de faire la preuve (1).

Art. 53. — Dans les cinq jours suivants, le plaignant ou le ministère public, suivant le cas, sera tenu de faire signifier au prévenu, au domicile par lui élu, la copie des pièces et les noms, professions et demeures des témoins par lesquels il entend faire la preuve contraire, sous peine d'être déchu de son droit.

Art. 54. — Toute demande de renvoi, pour quelque cause que ce soit, tout incident sur la procédure suivie devront être présentés avant l'appel des jurés, à peine de forclusion.

Art. 55. — Si le prévenu a été présent à l'appel des jurés, il ne pourra plus faire défaut, quand bien même il se fût retiré pendant le tirage au sort. En conséquence, tout arrêt qui interviendra, soit sur la forme, soit sur le fond, sera définitif quand bien même le prévenu se retirerait de l'audience ou refuserait de se défendre. Dans ce cas, il sera procédé avec le concours du jury et comme si le prévenu était présent.

Art. 56. — Si le prévenu ne comparaît pas au jour fixé par la citation, il sera jugé par défaut par la Cour d'assises, sans assistance ni intervention des jurés. — La condamnation par défaut sera comme non avenue si, dans les cinq jours de la signification qui en aura été faite au prévenu ou à son domicile, outre un jour par cinq myriamètres, celui-ci forme opposition à l'exécution de l'arrêt et notifie son opposition tant au ministère public qu'au plaignant. Toutefois, si la signification n'a pas été faite à sa personne ou s'il ne résulte pas de l'acte d'exécution de l'arrêt que le prévenu en a eu connaissance, l'opposition sera recevable jusqu'à l'expiration des délais de la prescription de la peine. L'opposition vaudra citation à la première audience utile. Les frais de l'expédition, de la significa-

(1) Voir l'article 34 de la loi du 9 décembre 1905 sur la Séparation des Eglises et de l'Etat.

tion de l'arrêt, de l'opposition et de la réassignation pourront être laissés à la charge du prévenu.

Art. 57. — Faute par le prévenu de former son opposition dans le délai fixé en l'article 56, et de la signifier aux personnes indiquées en cet article, ou de comparaître par lui-même au jour fixé en l'article précédent, l'opposition sera réputée non avenue et l'arrêt par défaut sera définitif.

Art. 58. — En cas d'acquittement par le jury, s'il y a partie civile en cause, la Cour ne pourra statuer que sur les dommages-intérêts réclamés par le prévenu. Ce dernier devra être renvoyé de la plainte sans dépens ni dommages-intérêts au profit du plaignant.

(*Addition à la loi du 3 avril 1896*). Sont applicables, en matière de diffamation et d'injures portées devant la Cour d'assises, et dans le cas où la poursuite a eu lieu à la requête du ministère public, les dispositions de l'article 368 du Code d'instruction criminelle.

Art. 59. — Si, au moment où le ministère public ou le plaignant exerce son action, la session de la Cour d'assises est terminée, et s'il ne doit pas s'en ouvrir d'autre à une époque rapprochée, il pourra être formé une Cour d'assises extraordinaire, par ordonnance motivée du premier président. Cette ordonnance prescrira le tirage au sort des jurés conformément à la loi. — L'article 81 du décret du 6 juillet 1810 sera applicable aux Cours d'assises extraordinaires formées en exécution du paragraphe précedent.

b). — POLICE CORRECTIONNELLE ET SIMPLE POLICE.

Art. 60. — La poursuite devant les tribunaux correctionnels et de simple police aura lieu conformément aux dispositions du chapitre II du titre Ier du livre II du Code d'instruction criminelle, sauf les modifications suivantes:

1° Dans le cas d'offense envers les chefs d'Etat ou d'outrages envers les agents diplomatiques étrangers, la poursuite aura lieu, soit à leur requête, soit d'office, sur leur demande adressée au ministre des affaires étrangères et par celui-ci au ministre de la justice.

En ce cas seront applicables les dispositions de l'article 49 sur le droit de saisie et d'arrestation préventive relatives aux infractions prévues par les articles 23, 24 et 25. (*Paragraphe ajouté à l'article 60 par la loi du 16 mars 1893.*)

2° Dans le cas de diffamation envers les particuliers prévu par l'article 32 et dans le cas d'injure prévu par l'article 33, paragraphe 2, la poursuite n'aura lieu que sur la plainte de la personne diffamée ou injuriée;

3° En cas de diffamation ou d'injure pendant la période

·électorale contre un candidat à une fonction élective, le délai de la citation sera réduit à vingt-quatre heures, outre le délai ·de distance;

4° La citation précisera et qualifiera le fait incriminé; elle indiquera le texte de la loi applicable à la poursuite, le tout à peine de nullité de ladite poursuite.

Sont applicables au cas de poursuite et de condamnation les dispositions de l'article 49 de la présente loi.

Le désistement du plaignant arrêtera la poursuite commen-·cée.

c). — POURVOIS EN CASSATION

ART. 61. — Le droit de se pourvoir en cassation appartiendra au prévenu et à la partie civile, quant aux dispositions relatives à ses intérêts civils. L'un et l'autre seront dispensés de consigner l'amende et le prévenu de se mettre en état.

Loi du 4 juillet 1908. — Il est ajouté à l'article 61 de la loi du 29 juillet 1881 sur la presse, le paragraphe suivant: « La partie civile pourra user du bénéfice de l'article 424 du Code d'instruction criminelle sans le ministère d'un avocat à la Cour de cassation. »

ART. 62. — Le pourvoi devra être formé dans les trois jours, au greffe de la Cour ou du tribunal qui aura rendu la décision. Dans les vingt-quatre heures qui suivront, les pièces seront envoyées à la Cour de cassation, qui jugera d'urgence dans les dix jours à partir de leur réception.

Loi du 4 juillet 1908. — Il est ajouté à l'article 62 les deux paragraphes suivants :

§ 2. — L'appel contre les journaux ou le pourvoi contre les arrêts des Cours d'appel et Cours d'assises qui auront statué sur les incidents et exceptions autres que les exceptions d'incompétence, ne sera formé, à peine de nullité, qu'après le jugement ou l'arrêt définitif et en même temps que l'appel ou le pourvoi contre ledit jugement ou arrêt.

§ 3. — Toutes les exceptions d'incompétence devront être proposées avant toute ouverture du débat sur le fond: faute de ce, elles seront jointes au fond et il sera statué sur le tout par le même jugement ou arrêt.

§ 3. — *Récidive, circonstances atténuantes, prescription.*

ART. 63. — L'aggravation des peines résultant de la récidive ne sera pas applicable aux infractions prévues par la présente loi.

En cas de conviction de plusieurs crimes ou délits prévus

par la présente loi, les peines ne se cumuleront pas et la plus forte sera seule prononcée.

Art. 64. — L'article 463 du Code pénal est applicable dans tous les cas prévus par la présente loi. Lorsqu'il y aura lieu de faire cette application, la peine prononcée ne pourra excéder la moitié de la peine édictée par la loi.

Art. 65. — L'action publique et l'action civile résultant des crimes, délits et contraventions prévus par la présente loi se prescriront après trois mois révolus, à compter du jour où ils auront été commis, ou du jour du dernier acte de poursuite, s'il en a été fait. Les prescriptions commencées à l'époque de la publication de la présente loi, et pour lesquelles il faudrait encore, suivant les lois existantes, plus de trois mois à compter de la même époque, seront, par ce laps de trois mois, définitivement accomplies (1).

Dispositions transitoires.

Art. 66. — Les gérants et propriétaires de journaux existant au jour de la promulgation de la présente loi seront tenus de se conformer, dans un délai de quinzaine, aux prescriptions édictées par les articles 7 et 8, sous peine de tomber sous l'application de l'article 9.

Art. 67. — Le montant des cautionnements versés par les journaux ou écrits périodiques actuellement soumis à cette obligation sera remboursé à chacun d'eux, par le Trésor public, dans un délai de trois mois, à partir du jour de la promulgation de la présente loi, sans préjudice des retenues qui pourront être effectuées au profit de l'Etat et des particuliers, pour les condamnations à l'amende et les réparations civiles auxquelles il n'aura pas été autrement satisfait à l'époque du remboursement.

Art. 68. — Sont abrogés les édits, lois, décrets, ordonnances, arrêtés, règlements, déclarations généralement quelconques, relatifs à l'imprimerie, à la librairie, à la presse périodique ou non périodique, au colportage, à l'affichage, à la vente sur la voie publique et aux crimes et délits prévus par les lois sur la presse et les autres moyens de publication, sans que puissent revivre les dispositions abrogées par les lois antérieures.

Est également abrogé le second paragraphe de l'article 31 de la loi du 10 août 1871 sur les conseils généraux, relatif à l'appréciation de leurs discussions par les journaux.

(1) Voir l'article 34, § 2 de la loi du 9 décembre 1905 sur la Séparation des Eglises et de l'Etat.

ART. 69. — La présente loi est applicable à l'Algérie et aux colonies.

ART. 70. — Amnistie est accordée pour tous les crimes et délits commis antérieurement au 16 février 1881, par la voie de la presse ou autres moyens de publication, sauf l'outrage aux bonnes mœurs puni par l'article 28 de la présente loi, et sans préjudice du droit des tiers.

Les amendes non perçues ne seront pas exigées. Les amendes déjà perçues ne seront pas restituées, à l'exception de celles qui ont été payées depuis le 16 février 1881.

Loi du 2 août 1882, ayant pour objet la répression des outrages aux bonnes mœurs. *(Voir la loi modificative du 16 mars 1898).*

Loi du 11 juin 1887, concernant la diffamation et l'injure commises par les correspondances postales ou télégraphiques circulant à découvert.

ARTICLE PREMIER. — Quiconque aura expédié par l'administration des postes et télégraphes une correspondance à découvert contenant une diffamation, soit envers des particuliers, soit envers les corps ou les personnes désignés par les articles 26, 30, 31, 36 et 37 de la loi du 29 juillet 1881, sera puni d'un emprisonnement de cinq jours à six mois et d'une amende de vingt-cinq francs à trois mille francs, ou de l'une de ces deux peines seulement.

Si la correspondance contient une injure, cette expédition sera punie d'un emprisonnement de cinq jours à deux mois et d'une amende de seize francs à trois cents francs, ou de l'une de ces deux peines seulement.

ART. 2. — Les délits prévus par la présente loi sont de la compétence des tribunaux correctionnels.

Les dispositions des articles 35, 46, 47, 60, 61, 62, 63, 64, 65 et 69 de la loi du 29 juillet 1881 leur sont applicables.

Loi du 19 mars 1889, relative aux annonces sur la voie publique.

ARTICLE PREMIER. — Les journaux et tous les écrits ou imprimés, distribués ou vendus dans les rues et lieux publics ne pourront être annoncés que par leur titre, leur prix, l'indication de leur opinion et les noms de leurs auteurs et rédacteurs.

Aucun titre obscène ou contenant des imputations, diffamations ou expressions injurieuses pour une ou plusieurs personnes ne pourra être annoncé sur la voie publique (1).

Art. 2. — Les infractions aux dispositions qui précèdent seront punies d'une amende d'un franc à quinze francs, et, en cas de récidive, d'un emprisonnement d'un jour à cinq jours. Toutefois, l'article 463 du Code pénal pourra toujours être appliqué.

Loi du 3 février 1893, complétant les articles 419 et 420 du Code pénal sur les bruits faux ou calomnieux pour provoquer des retraits de fonds des caisses publiques.

Article premier. — Sera puni des peines prévues par l'article 420 du Code pénal quiconque, pour des faits faux ou calomnieux semés à dessein dans le public ou par des voies ou moyens frauduleux quelconques, aura provoqué ou tenté de provoquer des retraits de fonds des caisses publiques ou des établissements obligés par la loi à effectuer leurs versements dans les caisses publiques.

Art. 2. — L'article 463 est applicable aux délits prévus et punis par la présente loi.

Loi du 16 mars 1893 qui modifie les art. 45 et 60 de la loi du 29 juillet 1881 sur la presse. *(Voir la loi du 29 juillet 1881 où ces modifications sont consignées).*

Loi du 12 décembre 1893, portant modification des art. 24, § 1, 25 et 49 de la loi du 29 juillet 1881 sur la presse. *(Voir la loi du 29 juillet 1881 où ces modifications sont indiquées).*

Loi du 28 juillet 1894, ayant pour objet de réprimer les menées anarchistes.

Article premier. — Les infractions prévues par les articles 24, paragraphes 1 et 3, et 25 de la loi du 29 juillet 1881, modi-

---

(1) Les sons de trompe à l'aide desquels le colporteur d'un journal annonce son passage sur la voie publique ne constituent pas par eux-mêmes, au sens légal du mot, l'annonce de ce journal; les abus que la loi a voulu réprimer sont ceux qui résultent de l'annonce des journaux sur la voie publique à l'aide de cris de toutes sortes et de commentaires souvent scandaleux et indécents. *(Arrêt de Cassation du 17 mai 1889.)*

flée par la loi du 12 décembre 1893, sont déférées aux tribunaux de police correctionnelle lorsque ces infractions ont pour but un acte de propagande anarchiste.

ART. 2. — Sera déféré aux tribunaux de police correctionnelle et puni d'un emprisonnement de trois mois à deux ans et d'une amende de cent à deux mille francs, tout individu qui, en dehors des cas visés par l'article précédent, sera convaincu d'avoir, dans un but de propagande anarchiste:

1° Soit par provocation, soit par apologie des faits spécifiés auxdits articles, incité une ou plusieurs personnes à commettre, soit un vol, soit les crimes de meurtre, de pillage, d'incendie, soit les crimes punis par l'article 435 du Code pénal;

2° Ou adressé une provocation à des militaires des armées de terre ou de mer, dans le but de les détourner de leurs devoirs militaires et de l'obéissance qu'ils doivent à leurs chefs dans ce qu'ils leur commandent pour l'exécution des lois et règlements militaires et la défense de la Constitution républicaine.

Les pénalités prévues au paragraphe 1er seront appliquées, même dans le cas où la provocation adressée à des militaires de l'armée de terre ou de mer n'aurait pas le caractère d'un acte de propagande anarchiste; mais, dans ce cas, la pénalité accessoire de la relégation édictée par l'article 3 de la présente loi ne pourra être prononcée.

La condamnation ne pourra être prononcée sur l'unique déclaration d'une personne affirmant avoir été l'objet des incitations ci-dessus spécifiées, si cette déclaration n'est pas corroborée par un ensemble de charges démontrant la culpabilité et expressément visées dans le jugement de condamnation.

ART. 3. — La peine accessoire de la relégation pourra être prononcée contre les individus condamnés en vertu des articles 1er et 2 de la présente loi à une peine supérieure à une année d'emprisonnement et ayant encouru, dans une période de moins de dix ans, soit une condamnation à plus de trois mois d'emprisonnement pour les faits spéciaux auxdits articles, soit une condamnation à la peine des travaux forcés, de la réclusion ou de plus de trois mois d'emprisonnement pour crime ou délit de droit commun.

ART. 4. — Les individus condamnés en vertu de la présente loi seront soumis à l'emprisonnement individuel, sans qu'il puisse résulter de cette mesure une diminution de la durée de la peine.

Les dispositions du présent article seront applicables pour l'exécution de la peine de la réclusion ou de l'emprisonnement prononcée en vertu des lois du 18 décembre 1893 sur les associations de malfaiteurs et de la détention illégitime d'engins explosifs.

Art. 5. — Dans les cas prévus par la présente loi, et dans tous ceux où le fait incriminé a un caractère anarchiste, les cours et tribunaux pourront interdire, en tout ou partie, la reproduction des débats en tant que cette reproduction pourrait présenter un danger pour l'ordre public.

Toute infraction à cette défense sera poursuivie conformément aux prescriptions des articles 42, 43, 44 et 49 de la loi du 29 juillet 1881 et sera punie d'un emprisonnement de six jours à un mois et d'une amende de mille à dix mille francs.

Sera poursuivie dans les mêmes conditions et passible des mêmes peines, toute publication ou divulgation, dans les cas prévus au paragraphe 1er du présent article, de documents ou actes de procédure spécifiés à l'article 38 de la loi du 29 juillet 1881.

Art. 6. — Les dispositions de l'article 463 du Code pénal sont applicables à la présente loi.

Loi du 22 juillet 1895, relative à l'application de l'art. 14 de la loi du 29 juillet 1881 sur la presse.

Article premier. — L'article 14 de la loi du 29 juillet 1881 sur la presse est applicable aux journaux publiés en France en langue étrangère.

Loi du 3 avril 1896, rendant applicable en matière de presse l'art. 368 du Code d'instruction criminelle. *(Voir l'art. 58 de la loi du 29 juillet 1881.)*

Loi du 16 mars 1898 modifiant la loi du 2 août 1882 sur la répression des outrages aux bonnes mœurs.

Article premier. — L'article 1er de la loi du 2 août 1882 est modifié ainsi qu'il suit: « — Sera puni d'un emprisonnement d'un mois à deux ans et d'une amende de cent à cinq mille francs quiconque aura commis le délit d'outrage aux bonnes mœurs — par la vente ou la mise en vente, l'offre, l'exposition, l'affichage ou la distribution, sur la voie publique ou dans les lieux publics, d'écrits, d'imprimés autres que le livre, d'affiches, dessins, gravures, peintures, emblèmes, objets ou images; — par leur distribution à domicile, par leur remise sous bande ou sous enveloppe non fermée à la poste ou à tout agent de distribution ou de transport; — par des chants non autorisés proférés publiquement, par des annonces ou correspondances publiques contraires aux bonnes mœurs. — Les écrits, dessins, affiches, etc., incriminés et les objets ayant servi à commettre le délit seront saisis ou arrachés. La destruction en sera ordonnée par le jugement de condamnation. — Les peines pourront être portées au double si le délit a été commis envers des mineurs. »

ART. 2. — L'article 2 de la loi du 2 août 1882 est remplacé par les dispositions suivantes: « La prescription en matière d'outrage aux bonnes mœurs commis par la voie du livre est d'un an à partir de la publication ou de l'introduction sur le territoire français. — La vente, la mise en vente ou l'annonce de livres condamnés sera punie des peines portées par l'article premier de la présente loi. »

ART. 3 (ancien article 2 de la loi du 2 août 1882). — Les complices de ce délit, dans les conditions prévues et déterminées par l'article 60 du Code pénal, seront punis de la même peine, et la poursuite aura lieu devant le tribunal correctionnel, conformément au droit commun et suivant les règles édictées par le Code d'instruction criminelle.

ART. 4 (ancien article 3 de la loi du 2 août 1882). — L'article 463 du Code pénal s'applique aux délits prévus par la présente loi.

ART. 5 (ancien article 4 de la loi du 2 août 1882). — Sont abrogées toutes les dispositions contraires à la présente loi.

Loi du 27 janvier 1902, modifiant l'article 16 de la loi du 29 juillet 1881, sur la presse, en ce qui concerne l'affichage sur les édifices et monuments ayant un caractère artistique.

ARTICLE PREMIER. — Par dérogation à l'article 16 de la loi du 29 juillet 1881, les maires, et, à leur défaut, les préfets dans les départements, le préfet de la Seine à Paris, ont le droit d'interdire l'affichage, même en temps d'élection, sur les édifices et monuments ayant un caractère artistique. Les contrevenants sont punis d'une amende de cinq à quinze francs par contravention.

Loi du 9 décembre 1905 sur la Séparation des Eglises et de l'Etat.

ART. 34. — Tout ministre d'un culte qui, dans les lieux où

s'exerce ce culte, aura publiquement, par des discours prononcés, des lectures faites, des écrits distribués ou des affiches
apposées, outragé ou diffamé un citoyen chargé d'un service
public, sera puni d'une amende de cinq cents à trois mille
francs et d'un emprisonnement de un mois à un an, ou de
l'une de ces deux peines seulement.

§ 2. La vérité du fait diffamatoire, mais seulement s'il est
relatif aux fonctions, pourra être établie devant le tribunal
correctionnel dans les formes prévues par l'article 52 de la
loi du 29 juillet 1881. Les prescriptions édictées par l'article 65
de la même loi s'appliquent aux délits du présent article et de
l'article qui suit.

ART. 35. — Si un discours prononcé ou un écrit affiché ou
distribué publiquement dans les lieux où s'exerce le culte
contient une provocation directe à résister à l'exécution des
lois ou aux actes légaux de l'autorité publique, ou s'il tend à
soulever ou à armer une partie des citoyens contre les autres,
le ministre du culte qui s'en sera rendu coupable, sera puni
d'un emprisonnement de trois mois à deux ans, sans préjudice des peines de la complicité, dans le cas où la provocation
aurait été suivie d'une sédition, révolte ou guerre civile.

DROITS DE PROPRIÉTÉ DES AUTEURS

Décret des 19 et 24 juillet 1793 relatif aux droits de propriété des auteurs d'écrits en tout genre, des compositeurs de musique, des peintres et des dessinateurs.

ARTICLE PREMIER. — Les auteurs d'écrits en tout genre, les compositeurs de musique, les peintres et dessinateurs qui feront graver des tableaux ou dessins, jouiront, durant leur vie entière, du droit exclusif de vendre, faire vendre, distribuer leurs ouvrages dans le territoire de la République, d'en céder la propriété en tout ou en partie.

ART. 2. — Leurs héritiers ou cessionnaires jouiront du même droit durant l'espace de dix ans après la mort des auteurs (abrogé par la loi du 14 juillet 1866; voir plus loin).

ART. 3. — Les officiers de paix (1) seront tenus de faire confisquer, à la réquisition et au profit des auteurs, compositeurs, peintres ou dessinateurs et autres, leurs héritiers ou cessionnaires, tous les exemplaires des éditions imprimées ou gravées sans la permission formelle et par écrit des auteurs.

ART. 4. — Tout contrefacteur sera tenu de payer au véritable propriétaire une somme équivalente au prix de trois mille exemplaires de l'édition originale.

ART. 5. — Tout débitant d'édition contrefaite, s'il n'est pas reconnu contrefacteur, sera tenu de payer au véritable propriétaire une somme équivalente au prix de cinq cents exemplaires de l'édition originale.

ART. 6. — Tout citoyen qui mettra au jour un ouvrage, soit de littérature ou de gravure, dans quelque genre que ce soit, sera obligé d'en déposer deux exemplaires à la Bibliothèque nationale ou au Cabinet des estampes de la République, dont il recevra un reçu signé par le bibliothécaire; faute de quoi il ne pourra être admis en justice pour la poursuite des contrefacteurs.

ART. 7. — Les héritiers de l'auteur d'un ouvrage de littérature ou de gravure, ou de toute autre production de l'esprit

(1) Le décret du 25 prairial an III (15 juin 1795) a attribué aux commissaires de police et aux juges de paix dans les lieux où il n'y a pas de commissaire de police les fonctions données aux officiers de paix par le décret des 19-24 juillet 1793.

ou du génie qui appartiennent aux beaux-arts, en auront la propriété exclusive pendant dix années. (Abrogé par la loi du 14 juillet 1866 ci-après.)

Loi du 14 juillet 1866 sur les droits des héritiers et les ayants-cause des auteurs.

Article premier. — La durée des droits accordés par les lois antérieures aux héritiers, successeurs irréguliers, donataires ou légataires des auteurs, compositeurs ou artistes, est portée à *cinquante ans,* à partir du décès de l'auteur. Pendant cette période de cinquante ans, le conjoint survivant, quel que soit le régime matrimonial, et indépendamment des droits qui peuvent résulter en faveur de ce conjoint du régime de la communauté, a la simple jouissance des droits dont l'auteur prédécédé n'a pas disposé par acte entre vifs ou par testament. Toutefois, si l'auteur laisse des héritiers à réserve, cette jouissance est réduite au profit de ces héritiers, suivant les proportions et distinctions établies par les articles 913 et 915 du Code Napoléon. Cette jouissance n'a pas lieu lorsqu'il existe, au moment du décès, une séparation de corps prononcée contre ce conjoint; elle cesse au cas où le conjoint contracte un nouveau mariage. Les droits des héritiers à réserve et des autres héritiers ou successeurs, pendant cette période de cinquante ans, restent d'ailleurs réglés conformément aux prescriptions du Code Napoléon. Lorsque la succession est dévolue à l'Etat, le droit exclusif s'éteint sans préjudice des droits des créanciers et de l'exécution des traités de cession qui ont pu être consentis par l'auteur ou par ses représentants.

Art. 2. — Toutes les dispositions des lois antérieures contraires à celles de la loi nouvelle sont et demeurent abrogées.

Décret du 1er germinal an XIII (22 mars 1805) concernant les droits des propriétaires d'ouvrages posthumes.

Article premier. — Les propriétaires, par succession ou à autre titre, d'un ouvrage posthume, ont les mêmes droits que l'auteur, et les dispositions des lois sur la propriété exclusive des auteurs et sur sa durée leur sont applicables, toutefois à la charge d'imprimer séparément les œuvres posthumes, et sans les joindre à une nouvelle édition des ouvrages déjà publiés et devenus propriété publique.

Décret du 7 germinal an XIII (28 mars 1805) concernant l'impression des livres d'église, des Heures et des prières.

ARTICLE PREMIER. — Les livres d'église, les heures et prières ne peuvent être imprimés et réimprimés que d'après les permissions données par les évêques diocésains, laquelle permission doit être textuellement rapportée et imprimée en tête de chaque exemplaire.

ART. 2. — Les imprimeurs et libraires qui feraient imprimer, réimprimer des livres d'église, des heures, des prières, sans avoir obtenu cette permission, doivent être poursuivis conformément à la loi de 1793.

Décret du 20 février 1809 sur les manuscrits des archives et bibliothèques.

ARTICLE PREMIER. — Les manuscrits des archives de notre ministère des relations extérieures et ceux des bibliothèques impériales, départementales et communales, ou des autres établissements de notre empire, soit que ces manuscrits existent dans les dépôts auxquels ils appartiennent, soit qu'ils en aient été soustraits, ou que leurs minutes n'y aient pas été déposées aux termes des anciens règlements, sont la propriété de l'Etat et ne peuvent être imprimés et publiés sans autorisation.

ART. 2. — Cette autorisation sera donnée par notre ministre des relations extérieures pour la publication des ouvrages dans lesquels se trouveront des copies, extraits ou citations des manuscrits qui appartiennent aux archives de son ministère; et par notre ministre de l'intérieur, pour celle des ouvrages dans lesquels se trouveront des copies, extraits ou citations des manuscrits qui appartiennent à l'un des autres établissements publics mentionnés dans l'article précédent.

Articles du Code pénal punissant la contrefaçon.

ART. 425. — Toute édition d'écrits, de composition musicale, de dessin, de peinture ou de toute autre production, imprimée ou gravée en entier ou en partie, au mépris des lois et règlements relatifs à la propriété des auteurs, est une contrefaçon; et toute contrefaçon est un délit.

ART. 426. — Le débit d'ouvrages contrefaits, l'introduction sur le territoire français d'ouvrages qui, après avoir été imprimés en France, ont été contrefaits à l'étranger, sont un délit de la même espèce.

ART. 427. — La peine contre le contrefacteur ou contre l'introducteur, sera une amende de cent francs au moins et de deux mille francs au plus; et contre le débitant, une amende de vingt-cinq francs au moins et de cinq cents francs au plus.

La confiscation de l'édition contrefaite sera prononcée tant contre le contrefacteur que contre l'introducteur et le débitant.

Les planches, moules ou matrices des objets contrefaits, seront aussi confisqués.

ART. 428. — Tout directeur, tout entrepreneur de spectacle qui aura fait représenter sur son théâtre des ouvrages dramatiques, au mépris des lois et règlements relatifs à la propriété des auteurs, sera puni d'une amende de cinquante francs au moins, de cinq cents francs au plus, et de la confiscation des recettes.

ART. 429. — Dans les cas prévus par les quatre articles précédents, le produit des confiscations ou les recettes confisquées seront remis au propriétaire pour l'indemniser d'autant du préjudice qu'il aura souffert; le surplus de son indemnité, ou l'entière indemnité, s'il n'y a eu ni vente d'objets confisqués, ni saisie de recettes, sera réglé par les voies ordinaires.

ANNONCES

Loteries. — Poids et mesures. — Brevets d'invention. Annonces judiciaires.

Loi du 21 mai 1836 (art. 4, § 2) sur les loteries.

Ceux qui auront colporté ou distribué des billets, ceux qui, par des *avis, annonces, affiches,* ou par tout autre moyen de publication, auront fait connaître l'existence de ces loteries ou facilité l'émission des billets, seront punis des peines portées en l'article 411 du Code pénal; il sera fait application, s'il y a lieu, des deux dernières dispositions de l'article précédent.

Loi du 4 juillet 1837
(art. 5) sur les poids et mesures.

Toutes dénominations de poids et mesures autres que celles portées dans le tableau annexé à la présente loi et établies par la loi du 18 germinal sont interdites dans les actes publics, *les affiches, les annonces,* etc. (L'amende est de dix francs.)

**Loi du 5 juillet 1844
(art. 33) sur les brevets d'invention.**

Quiconque dans les *enseignes, annonces, prospectus, affi-ches,* marques ou estampilles, prendra la qualité de breveté sans posséder un brevet délivré conformément aux lois ou après l'expiration d'un brevet antérieur, ou qui, étant breveté, mentionne sa qualité de breveté ou son brevet sans y ajouter ces mots : « sans garantie du gouvernement », sera puni d'une amende de cinquante à mille francs. En cas de récidive, l'amende pourra être portée au double.

**Décret du 28 décembre 1870 sur les annonces
judiciaires.**

Provisoirement et jusqu'à ce qu'il en ait été autrement décidé, les annonces judiciaires et légales pourront être insé-rées, au choix des parties, dans l'un des journaux publiés en langue française dans le département.

Néanmoins, toutes les annonces judiciaires relatives à une même procédure de vente seront insérées dans le même jour-nal.

ANNEXES

Modèle de déclaration de gérance d'un journal ou écrit périodique.

X.., le 19

Monsieur le Procureur de la République, à................................

Je, soussigné..*, né le*

....*, à*..*, départe-*

ment de...*, demeurant à*...,

rue..*, ai l'honneur de vous faire la déclaration*

suivante, conformément à la loi sur la presse du 29 juillet 1881 :

A partir du mois d..*19   , je vais publier, en*

qualité de gérant, une Revue dont le titre sera.....................................

.... *. Ladite publication paraîtra tous les*

.................................*et sera imprimée chez **M***...

rue................................*, à*............................ *.*

Veuillez agréer, Monsieur le Procureur, l'assurance de ma

considération distinguée.

(Signature.)

Modèles de déclaration pour le colportage des journaux.

PREMIER MODÈLE, POUR LA COMMUNE OU L'ARRONDISSEMENT

X..., le..19

Monsieur le Maire (ou le sous-Préfet),

Le soussigné ....,

profession de......................................., *demeurant à*...............................

né le..., *à* ....

département de.................................., *a l'honneur de vous déclarer*

qu'il est dans l'intention d'exercer la profession de colporteur

de journaux et écrits périodiques dans la commune (ou dans

l'arrondissement) de................................ *.*

Veuillez agréer, Monsieur le..............................*l'hommage de*

mon profond respect.

(Signature.)

2e MODÈLE, POUR LE DÉPARTEMENT

X.., le 19

Monsieur le Préfet,

Le soussigné ....,

profession de.............................., demeurant à...

né le ...., à .... ,

département de.., a l'honneur de vous déclarer
qu'il est dans l'intention d'exercer la profession de colporteur de
livres, écrits, brochures, journaux, dessins, gravures, lithographies
et photographies dans le département de............ ....

Veuillez agréer, Monsieur le Préfet, l'hommage de mon profond
respect.

(Signature.)

Le Gérant : G. DESBUQUOIS.

Reims. — Imp. Jeanne-d'Arc, 4, rue des Fusiliers.

ACTES SOCIAUX

Publication documentaire. — Prix de l'abonnement à **24** numéros :
5 fr. ; Etranger, **6** fr.
On s'abonne par mandat-poste, mandat-carte ou bon de poste, à M. L'ADMINIS-
TRATEUR de l'A. P., 5, rue des Trois-Raisinets, Reims ; ou chez M. LECOFFRE,
90, rue Bonaparte, Paris.
Le NUMÉRO : **0** fr. **25**, *franco*

1re Série

1-2 *Motu Proprio de Pie X.* (Texte français et italien; références
aux documents de Léon XIII.)

3. *Associations et Syndicats:* Législation. Loi de 1901. — Loi de
1884. — Modifications proposées.

4. *Syndicats et Groupements professionnels:* Statuts et Règlements. — 1er fascicule.

5. *Syndicats et Unions de Syndicats agricoles.* Statuts. 1er fascicule.

6. *Caisse rurale. Caisse ouvrière:* Statuts.

7. *Syndicats et Groupements professionnels:* Statuts et Règlements. — 2e fascicule.

8. *Cercles d'études:* Règlements et Coutumes.

9-10 *Les Catholiques et l'Action Sociale:* en Belgique. — Enquête
de *La Croix.*

11-14 *Les Catholiques et l'Action Sociale:* en France. — Enquête
de *La Croix.*

15. *Interdiction de la céruse; la question de l'indemnité et le droit
de propriété:* Extrait des discours prononcés au Sénat.

16-17. *Jardins ouvriers.* Statuts et Règlements.

18-20. *Encyclique « Rerum Novarum ».* Texte latin et français,
traduction officielle.

21. *Création du ministère du Travail.* Les discours de M. Viviani.
Réponse de M. de Lamarzelle.

22. *La Grève des électriciens.* Discours de MM. Jaurès, Clémen-
ceau et Biétry.

23. *Le « Volksverein » et la victoire du Centre allemand.* (Traduction d'une étude du P. Pascivich, Civiltà Cattolica, Mars 1907.)

24. *Le Code de la Presse:* Presse, affichage, colportage. Législation en vigueur au 1er août 1909.

2me Série

25-26. *Le Repos hebdomadaire:* Historique. Loi du 13 juillet 1906.
Décrets et circulaires. Attitude des partis. Attitude des
catholiques. Projet de loi de M. Viviani.

27-30. *L'Organisation Maçonnique :* Constitution et Règlement
général du G.˙. O.˙. de France.

31. *Manuel pratique de l'Assistance obligatoire des vieillards,
infirmes, incurables.*

32. *Actes Episcopaux.* Les Evêques de France et l'Action sociale.

33. *Caisse de chômage:* Statuts.

34. *Lutte contre la licence des rues:* Documents législatifs et
administratifs. Renseignements privés.

35. *Mutuelle-bétail:* Assurance; réassurance. Législation et Statuts.

36-37. *Compte rendu du IIIe Congrès de l'Enseignement libre.*

38. *Actes Episcopaux:* Espagne.

39. *Semaine Sociale de Marseille :* Allocution et déclaration d'ouverture.

40-41. *Manuel de l'Electeur aux Conseils de Prud'hommes.*

42-47. *Vocabulaire Economique et Social.*

48. *L'Impôt sur le Revenu.* (Projet de M. Caillaux).

Manuel Social pratique

Un volume de 460 pages, broché, couverture forte
Prix : **3** fr. **50** ; *franco,* **4** fr.
Bureaux de l'Action Populaire, 5, rue des Trois-Raisinets, Reims
Lecoffre, 90, rue Bonaparte, Paris,

Depuis que fonctionne à nos bureaux l'office de renseignements que nous avons appelé l'*Intermédiaire Social*, un grand nombre de correspondants ont fait appel à la compétence de nos rédacteurs et de nos amis. Les questions posées, si souvent les mêmes, si souvent d'ordre juridique ou pratique, nous ont donné l'idée de publier en un seul livre les notions utiles aux fondateurs des institutions sociales.

Les Congrès Ouvriers en France

DEUXIÈME SÉRIE (1893-1906)

Création de la Confédération générale du Travail
par Léon de SEILHAC

Volume in-12 de 334 pages : **3** francs ; *franc·* : **3** fr. **50**
LECOFFRE, Paris — ACTION POPULAIRE, Reims

Le nom de l'auteur est le garant le plus sûr de la qualité de l'ouvrage.
L'impartialité dans l'exposition des doctrines et des travaux d'adversaires, l'ordre, l'exactitude, la classification et la clarté sont autant de qualités qu'on se plaît à reconnaître en M. de Seilhac ; sa méthode est une analyse précise, faite à la lumière des faits. On a dit beaucoup sur les tendances et le rôle de la Confédération générale du Travail : aucun livre ne dit mieux.

Paysans de France

Un beau vol. in-12 de 320 pages — Prix : **2** fr. **50,** *franco,* **3** fr.
ACTION POPULAIRE — LECOFFRE

SOMMAIRE

Un mot : A. P. — Comte Henri DE BOISSIEU : Contre la désertion des Campagnes. — Docteur MARIE DARCQUE : Ville et village. La Dot terrienne. — MARCEVAL : Un châtelain provençal. — Jean TERREL : Le vigneron du Beaujolais. — Baron DE VILLEBOIS-MAREUIL : Une paroisse rurale organisée. — Is. PASQUIER. Jean HACHIN : Le Foyer et le Coin de terre. — Vicomte DE BIZEMONT : Un officier supérieur aux champs — Abbé BOILEAU : Histoire d'un Syndicat. — H.-J. LEROY : Lettre à un jeune agriculteur. — André DE LABORDE-LASSALE : Usages de la Chalose. — Prosper GÉRALD : Un paysan.